SLOW FOOD

La Primavera

Frühling in Italien

Die besten
Rezepte der
Cucina casalinga

Herausgegeben von Susanne Bunzel

Illustrationen
von Lucia Obi

EDITION SPANGENBERG BEI
DROEMER

Umschlaggestaltung: Agentur ZERO, München
Umschlagillustrationen: Lucia Obi
Gestaltung und Herstellung: Buch & Grafik Design, Günther Herdin, München
Reproduktion: DTP-Service
Wilhelm Vornehm, München
Technische Koordination:
Nardini Editione srl, Fiesole/Firenze, Italien
Printed in Italy
ISBN 3-426-27201-6

5 4 3 2 1

INHALT

FRÜHLING
IN ITALIENS KÜCHE

Die traditionelle Küche Italiens richtet sich nach dem Lauf der Jahreszeiten und verarbeitet am liebsten die Zutaten, die gerade frisch zu haben sind. Daß man früher das Angebot der Saison nutzte, war selbstverständlich. Man mußte die Zutaten in der Regel nicht zuletzt deshalb frisch verwenden, weil es keine ausgefeilten Transport- und Lagertechniken gab. Aber auch im modernen Italien ist das Kochen mit frischen und jahreszeitengemäßen Ingredienzen eine lebendige Tradition, und die bunten Wochenmärkte, die Jahrmärkte und Feste zu kulinarischen Themen sorgen dafür, daß dieses Wissen nicht in Vergessenheit gerät.

Das Trüffelfest in Alba hat Weltruf, doch auch die *Sagra dell'asparago* verde, die im Frühling in einem Dorf bei Bologna stattfindet, der Kochwettbewerb zum Thema Löwenzahn, der jedes Frühjahr in Bozen und Umgebung ausgetragen wird, und die *Feste delle uova,* mit denen man in Venetien den Übergang vom *Carnevale* zur Fastenzeit feiert, leisten wertvolle Beiträge zur Eßkultur Italiens.

Neben der Qualität der Grundstoffe ist nach dem Empfinden der Italiener die Geselligkeit jedoch mindestens genauso wichtig für eine ausgeprägte Eßkultur. Das gemeinsame Tafeln macht das Essen erst zu dem kulinarischen Genuß, um den die ganze Welt Italien beneidet. Dieses Miteinander des Genießens ist denn auch in vielen Bräuchen im Jahreskreis verankert. Im Frühjahr stehen beispielsweise Karneval, Josefstag und die kirchlichen Höhepunkte wie Ostern und Erstkommunion im Kalender.
Am Gründonnerstag kommt im ligurischen Badalucco das ganze Dorf auf der Piazza zusammen, um gemeinsam Bohnenpfannkuchen zu backen. Am Karsamstag wird in Umbrien die gesamte Familie von der Urgroßmutter bis zum kleinsten Enkelkind mobilisiert, um den Pecorino-Kuchen zu backen,

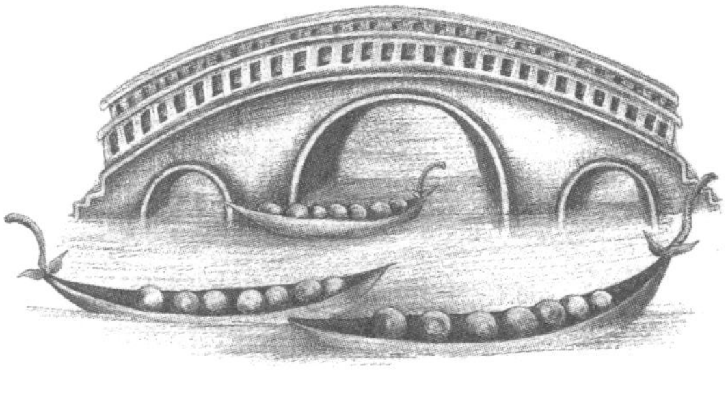

der am Ostersonntag in der Kirche gesegnet wird. Am 19. März bereitet man in Sizilien den *Macco di San Giuseppe,* einen dicken Brei aus verschiedenen Hülsenfrüchten, und teilt ihn an Passanten aus, und am Tag des Stadtpatrons San Marco ist in ganz Venedig *Risi e bisi,* Risotto mit den ersten frischen Erbsen aus der Gegend, angesagt. Diese Feste und Bräuche zeigen auch, daß diese Eßkultur in Italien gelebt wird. Kinder wachsen damit auf und lernen schon früh, frische und sorgfältig zubereitete Speisen zu erkennen. Gewiß greift eine berufstätige Mutter in Florenz oder Mailand unter der Woche auch schnell mal in die Tiefkühltruhe, doch wenn man Zeit hat, kocht man in Italien überwiegend aus frischen und jahreszeitengemäßen Zutaten, weil die einfach besser schmecken. Obst und Gemüse ist aromatischer, besitzt die richtige Konsistenz und ist nicht zuletzt preiswerter, wenn man es frisch und zur richtigen Jahreszeit kauft. Außerdem kommt das Obst und Gemüse dann meistens aus der näheren Umgebung, kann länger ausreifen und ist dank kürzerer Transportwege schneller im Handel – auch diese Faktoren wirken sich positiv auf den Geschmack aus. Man geht auf den Markt, holt sich bei den Händlern des Vertrauens, die man im Lauf der Jahre kennen- und schätzengelernt hat und bei denen man regelmäßig einkauft, das frische Angebot der Saison. Im sehr zeitigen Frühjahr landen dann möglicherweise ein paar Artischocken oder die zart nach Artischocken schmeckenden Topinamburs im Einkaufskorb.

Beim Fischhändler wird man sich vielleicht Stockfisch besorgen. Einige Wochen später sind junge Erbsen im Angebot, die zu Risotto, Pasta oder zu zartem Fleisch passen. An Ostern holt man sich Lamm oder Ziegenkitz. Beim *Pastaio* gibt es dann Tortelli mit frischen Löwenzahnblättern gefüllt beim Feinkoststand süß-sauer eingelegte Löwenzahnknospen, die an Kapern erinnern. Wenn bereits der Sommer naht, entdeckt man die leuchtendgelben Kürbis- und Zucchiniblüten zum Füllen, und die ersten Erdbeeren und Kirschen treffen ein.

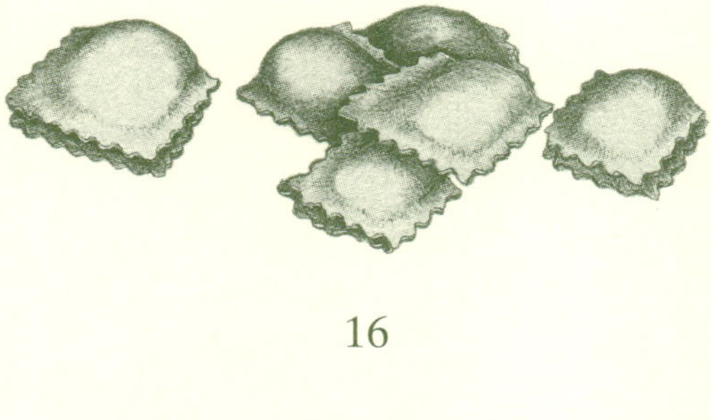

Die starken klimatischen Unterschiede zwischen den einzelnen Regionen der Apenninenhalbinsel sorgen zudem für ein breitgefächertes Angebot und eine dementsprechend vielfältige Frühjahrsküche. Während man im Februar in Sizilien bereits die Mandelblüte feiert und an der geschützten Küste Liguriens Zitrusfrüchte erntet, wärmt man sich in den kalten Bergregionen der Abruzzen oder in der Lombardei noch mit deftigen Eintöpfen mit Hülsenfrüchten und Speck, die man den Winter über gelagert hat.

Doch sobald sich die Winterkälte ganz aus dem Land zurückgezogen hat und die harte Erde aufbricht, ist es überall Zeit für die köstlichen wilden Kräuter. Sie spielen in der italienischen Küche wohl die wichtigste Rolle. Nirgendwo sonst wird soviel davon verzehrt und verarbeitet, nirgendwo sonst stürzt man sich mit so großer Begeisterung auf alles Grünzeug, das gerade im Frühling appetitlich frisch aus der Erde sprießt. Auch heute noch liebt man es, nach alter Tradition über Wiesen und Felder zu ziehen und die frischen Triebe und zarten Blättchen von Hand zu zupfen. Was heute kulinarisches Vergnügen ist, entsprang vor wenigen Generationen allerdings noch bitterer Notwendigkeit. Die Bevölkerung war großenteils arm, ernährte sich überwiegend von Feldfrüchten und Käse. Fleisch war teuer und kam nur an hohen Festtagen auf den Tisch. Sogar Eier verkauften die Bauern lieber auf dem Markt oder tauschten sie gegen teures Salz und andere Artikel des täglichen Bedarfs. Man suchte deshalb nach möglichst preiswerten Ergänzungen des nicht gerade üppigen Speiseplans, griff nach

dem, was wild wuchs und für alle frei verfügbar war. Im Frühjahr spürte man außerdem nach der eintönigen Winterkost, die in Zeiten begrenzter Lager- und Transportmöglichkeiten an der Tagesordnung war, Verlangen nach knackig frischem Grün und vitaminreicheren Nahrungsmitteln. Man sammelte wilde Hopfentriebe, junge Löwenzahnblätter und Löwenzahnknospen, wilden Blattspinat, zarte Brennesselspitzen, Brunnenkresse und was sonst noch an

Eßbarem an Bachläufen, Ackerrainen und Böschungen wuchs und verarbeitete sie zu feinen Suppen, zartem Risotto und bisweilen sogar zu einer köstlichen Kräuterfrittata. Wenige Wochen später

konnte man dann auch schon mit dem ersten Gemüse und Obst aus dem eigenen Garten hinter dem Haus rechnen. Zarte Erbsen, grüner und weißer Spargel, Knoblauch, Rucola, das erste Basilikum, Favabohnen, Blattspinat und Mangold, Erdbeeren und Kirschen sind heute zu festen Bestandteilen der italienischen Frühjahrsküche geworden und ergeben wunderbare Suppen und Kuchen, leckere Pastafüllungen und Risotto, Antipasti, schmackhafte Einzelgerichte, feine Beilagen und köstliche Desserts.
Ganz im Sinne dieser Tradition spannt sich der kulinarische Bogen dieses Büchleins von den herzhaften Gerichten für die ersten, noch kalten Frühlingstage bis zu den leichteren und fast sommerlichen Zubereitungen des späten Früh-

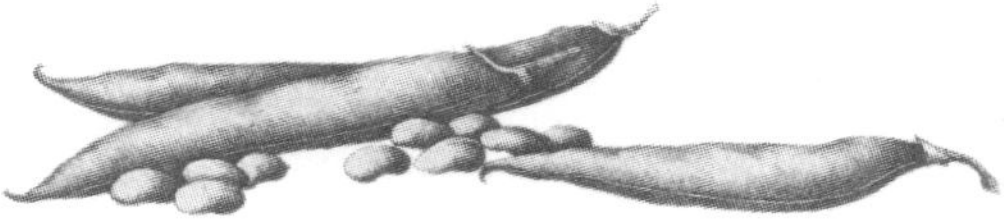

jahrs. Mit thematisch gegliederten Menüs für Ostern und Festtage, mit einfacheren Alltagsgerichten meist ohne Fleisch und mit schnellen Pastazubereitungen bietet Ihnen der vorliegende Band einen Überblick über die herrlich grüne und frische Frühjahrsküche Italiens.

Buon appetito!

REZEPTE

Falls nicht anders angegeben, sind alle Rezepte für 4 Personen berechnet.

Die schnelle Pasta

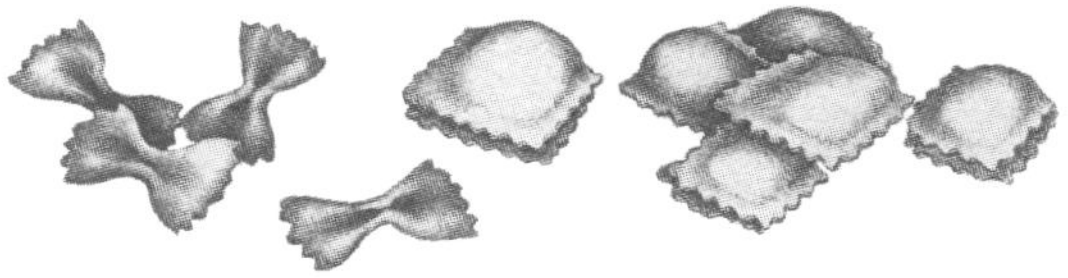

Bigoli con asparagi
Bigoli mit Spargelsauce

Zutaten: 250 g grüner Spargel, 1 gehackte Knoblauchzehe, 4 EL gehackte Petersilie, 2 EL Olivenöl, 400 g gewürfelte Tomaten, 400 g Bigoli (ersatzweise Spaghetti), Salz und Pfeffer

Spargel putzen und nach Bedarf schälen. In 3–4 Zentimeter lange Stücke schneiden und beiseite stellen. Knoblauch und Petersilie in Olivenöl andünsten. Nach knapp 5 Minuten die Spargelstückchen hinzufügen und andünsten, bis sie leuchtendgrün aussehen und glänzen. Die Tomatenwürfel dazugeben und heiß werden lassen. Salzen und zugedeckt 20 Minuuten leise köcheln lassen.
Die Bigoli in sprudelndem Salzwasser al dente garen. Abgießen und mit der Spargelsauce anrichten.

Fettuccine con ricotta e piselli
Fettuccine mit Ricotta und frischen Erbsen

Zutaten: 2 fein gehackte Schalotten, 1 fein gehackte Knoblauchzehe, 50 g Butter, 200 g frische geschälte Erbsen, 250 ml Gemüsebrühe, 250 g Ricotta, 125 g milder, cremiger Ziegenkäse, 400 g Fettuccine, Salz und Pfeffer aus der Mühle, 4 EL geriebener Parmesan

Schalotten und Knoblauch in der Butter weich dünsten. Die Erbsen hinzufügen und andünsten, bis sie rundum glänzen. Mit Gemüsebrühe auffüllen und in rund 10 Minuten weich garen. Ricotta und Ziegenkäse einrühren und bei sanfter Hitze schmelzen lassen. Salzen und pfeffern.
Während die Ricottasauce köchelt, die Fettuccine in reichlich sprudelndem Salzwasser al dente garen. Abgießen, in eine Schüssel füllen und mit der Käsesauce vermischen. Mit geriebenem Parmesan servieren.

Maccheroni al sugo d'agnello
Maccheroni mit Lammragout

Zutaten: 2 rote Paprikaschoten, 400 g Lammfleisch, 4 EL Olivenöl, 1 fein gehackte kleine Zwiebel, 500 g Tomatenpüree, 1 TL getrockneter Oregano, 1 TL getrockneter Rosmarin, 1 TL getrockneter Thymian, 400 g Maccheroni, Salz und Pfeffer aus der Mühle, 4 EL geriebener Pecorino

Die Paprikaschoten unter dem Backofengrill rösten, bis die Haut bräunt und Blasen wirft. Schoten in eine Schüssel legen, abdecken und 15 Minuten nachdämpfen lassen. Paprika häuten und klein schneiden. Unterdessen das Lammfleisch in gulaschgroße Würfel schneiden.
Das Olivenöl in einem Topf erhitzen und das Lammfleisch darin rundum kräftig bräunen. Salzen und pfeffern. Nun die Zwiebel hinzufügen und glasig dünsten. Paprikawürfelchen und Tomatenpüree, Kräuter, Salz und frisch gemahlenen Pfeffer einrühren. Die Sauce aufkochen, dann 45 Minuten auf kleiner Flamme schmurgeln lassen.
Die Nudeln in Salzwasser al dente garen. Abgießen, in eine Schüssel füllen und sofort mit dem Lammragout anrichten. Mit geriebenem Pecorino servieren.

Penne alle erbe
Penne mit feinen Kräutern

Zutaten: 4 EL gemischte, fein gehackte Kräuter (z.B. Petersilie, Schnittlauch, Estragon, Kerbel), 1 sehr fein gehackte Knoblauchzehe, 400 g Penne (oder andere Sorte kurze Röhrennudeln), je 1 EL Butter und Olivenöl, Salz und Pfeffer aus der Mühle, 4 EL Parmesan

Kräuter und Knoblauch in einem Schälchen verrühren. Salzen und pfeffern. Die Penne in reichlich sprudelndem Salzwasser knapp al dente garen. Während die Nudeln kochen, Butter und Olivenöl in einer Pfanne erhitzen. Die Kräutermischung einrühren und sanft andünsten.
Die Nudeln abgießen, zu den Kräutern in die Pfanne geben und kurz in der Kräutermischung schwenken. Mit geriebenem Parmesan anrichten.

Pesto al basilico
Basilikumpesto

Zutaten: 1 Knoblauchzehe, 80 bis 100 g Pinienkerne, 4 Büschel Basilikum, 100 g geriebener Pecorino, 40 g zimmerwarme Butter, 2–3 EL Olivenöl, Salz, 400 g Trenette oder Spaghetti

Knoblauch schälen und mit 25 Gramm Pinienkernen im Mörser zerstoßen. Nach und nach das Basilikum und die restlichen Pinienkerne hinzufügen und zu einer cremigen Masse zerstoßen. Salzen und den geriebenen Pecorino (ersatzweise Parmesan) untermengen. Butter einarbeiten und abschließend mit Olivenöl geschmeidig rühren.
(Sie können auch alle Zutaten auf einmal in den Mixer geben und zur gewünschten Konsistenz pürieren.)
Den Pesto vor dem Servieren mit etwas heißem Nudelwasser verrühren.
Pasta in sprudelndem Salzwasser al dente garen. Abgießen, in eine vorgewärmte Schüssel füllen und mit der Sauce überziehen.

Rigatoni con asparagi e uova
Rigatoni mit Spargel und Eiern

Zutaten: 400 g grüner Spargel, 2 Eier, 2 EL Parmesan, 500 g Rigatoni, 2 EL Butter, 1 gehackte Zwiebel, 250 g gewürfelter Mozzarella (2 Kugeln aus dem Beutel), Salz und Pfeffer aus der Mühle, frisch geriebener Muskat

Den Spargel putzen. Spargelstangen in 2–3 Zentimeter lange Stücke schneiden, die Spargelspitzen ganz lassen. In ein Dämpfsieb setzen und etwa 3 Minuten vorgaren. Unter kaltem Wasser abschrecken, damit der Spargel seine knackig grüne Farbe nicht verliert.
Die Eier mit dem Parmesan verrühren und beiseite stellen.
Rigatoni in einem Topf Salzwasser knapp al dente kochen. Eine Kelle Nudelwasser für die Sauce abmessen.
Während die Rigatoni kochen, die Butter in einer Pfanne zerlassen. Die Zwiebel darin andünsten, dann die Spargelstückchen und die Mozzarellawürfel hinzufügen. Etwas Nudelwasser angießen, damit die Sauce nicht austrocknet. Mit Salz, Pfeffer und Muskat abschmecken.
Rigatoni abgießen und in die Spargelpfanne geben. Mit den Eiern übergießen und pfannenrühren, bis sich alle Zutaten gut vermischt haben. Abschmecken und servieren.

Salsa agliata per la pasta
Knoblauchsauce für Pasta

Zutaten: 50 g Brötchen ohne Rinde, 3 EL Weißweinessig, 8 junge Knoblauchzehen, 4 EL Olivenöl, Salz und Pfeffer, 400 g Trenette oder Spaghetti, gehackte Petersilie zum Garnieren

Das Brötchen in Essig und etwas Wasser einweichen. Aus der Flüssigkeit heben und gut ausdrücken. Knoblauch schälen und im Mixer pürieren, das Brötchen hinzufügen, salzen und pfeffern. Wieder zu einer glatten Paste pürieren und mit Olivenöl geschmeidig rühren. Vor dem Anrichten mit etwas Kochwasser der Pasta verflüssigen. Pasta in sprudelndem Salzwasser al dente garen. Abgießen, in eine vorgewärmte Schüssel füllen und mit der Sauce überziehen. Mit Petersilie bestreuen und servieren.

Spaghettini con erbe e panna
Spaghettini in Kräuter-Sahne-Sauce

Zutaten: 200 g Sahne, 2 EL Butter, 1 Bund Basilikum, 1 kleines Bund Petersilie, 1 kleines Bund Schnittlauch, 4 EL geriebener Parmesan, 400 g Spaghettini (oder eine andere feine Nudelsorte, z.B. Vermicelli), Salz und Pfeffer aus der Mühle, frisch geriebener Muskat

Sahne und Butter in einem Topf erhitzen. Kräftig mit Salz, Pfeffer und Muskat abschmecken und auf kleiner Flamme zur gewünschten Konsistenz einköcheln lassen.
In der Zwischenzeit die Kräuter fein hacken.
Kräuter und Parmesan in die Sahnemischung rühren und weitere 5 Minuten köcheln lassen.
Während die Sauce köchelt, die Pasta in Salzwasser al dente kochen.
Die Pasta abgießen und mit der Kräuter-Sahne-Sauce anrichten.

Spaghettini con ortiche
Spaghettini mit Brennesselspitzen

Zutaten: 800 g junge und zarte Brennesselblätter, 400 g Spaghettini, 8 EL Olivenöl, Salz, 4 EL geriebener Pecorino (nach Wunsch)

Brennesselblätter verlesen und waschen. In der Zwischenzeit einen Topf Salzwasser zum Kochen bringen. Die Spaghettini in grobe Stücke brechen und zusammen mit den Brennesseln in das sprudelnde Salzwasser werfen und darin al dente garen. Abgießen, abtropfen lassen und in eine Servierschüssel füllen. Mit Olivenöl überziehen und nach Wunsch mit geriebenem Pecorino bestreuen.

Tagliatelle all'emiliana
Tagliatelle in Schinken-Erbsen-Sauce

Zutaten: 1 kleine gehackte Zwiebel, 3 EL Butter, 250 g frische geschälte Erbsen, 100 ml Gemüsebrühe, 100 g Sahne, 350 g Tagliatelle, 250 g gekochter Schinken (in Streifen geschnitten), Salz und Pfeffer aus der Mühle, 4 EL geriebener Parmesan

Die Zwiebel in der Butter glasig dünsten. Die Erbsen hinzufügen und mitdünsten, bis sie rundum glänzen. Mit Gemüsebrühe und Sahne auffüllen und garen, bis die Erbsen weich sind, aber noch leuchtendgrün aussehen. Kräftig salzen und pfeffern.
Die Tagliatelle in einem großen Topf Salzwasser al dente garen.
Die Schinkenstreifen unter die Erbsen rühren und erwärmen.
Die Pasta abgießen und in eine vorgewärmte Schüssel füllen. Mit der Sahnesauce vermischen und mit Parmesan servieren.

Vermicelli in salsa di fiori di zucca
Vermicelli mit Kürbisblüten

Zutaten: 10 Kürbis- oder Zucchiniblüten, 1 Zwiebel, 1 kleines Bund Petersilie, 4 EL Olivenöl, 1 Prise Safran, 100 ml Gemüsebrühe, 1 Ei, 4 EL geriebener Pecorino oder Parmesan, 400 g Vermicelli (oder feine Spaghetti), Salz und Pfeffer

Kürbisblüten, Zwiebel und Petersilie fein hacken. Das Olivenöl in einem Topf erwärmen. Den Safran mit ein paar Eßlöffeln warmer Gemüsebrühe anrühren und im Öl erwärmen. Das Gemüsehack hinzufügen, salzen und pfeffern.
10–15 Minuten schmoren, dabei ab und zu umrühren.
In der Zwischenzeit die Pasta al dente kochen und abgießen.
Die Safranmischung durch ein Sieb streichen und mit der restlichen Gemüsebrühe verrühren. Das Ei mit dem geriebenen Käse verquirlen und mit der Safransauce vermengen. Sofort über die Nudeln gießen und zu Tisch bringen.

Tagliatelle ai carciofi e piselli Tagliatelle mit Artischocken und frischen Erbsen

Zutaten: 3–4 frische Artischocken, Saft einer Zitrone, 4 EL Butter, 4 fein gehackte Schalotten, 1 fein gehackte Knoblauchzehe, 1–2 TL frische Thymianblättchen, 2 fein gewürfelte Selleriestengel, 250 g frische geschälte Erbsen, ca. 300 ml Gemüsebrühe, 400 g Tagliatelle, Salz und Pfeffer, 1 EL frisch gehackte Petersilie, Parmesan

Die Artischocken putzen, die harten äußeren Blätter entfernen und die haarigen Stellen mit einem Löffel herauskratzen. Die zarten Herzen und den Stiel fein würfeln und sofort in mit Zitronensaft gesäuertes Wasser legen.
Das Wasser für die Nudeln erhitzen.
Die Butter in einer Pfanne erhitzen. Schalotten, Knoblauch und Thymian einige Minuten sanft darin andünsten. Salzen und pfeffern.
Die Artischockenwürfel abgießen und zusammen mit den Selleriewürfeln und den Erbsen in die Pfanne geben. Mit Gemüsebrühe auffüllen, zum Kochen bringen und bei sanfter Hitze weich köcheln lassen.
In der Zwischenzeit die Tagliatelle in sprudelndem Salzwasser al dente garen. Abgießen, in die Gemüsepfanne geben und gründlich mit dem Gemüse vermischen. Mit Salz und Pfeffer

abschmecken. Die Tagliatelle auf Teller verteilen, mit Petersilie bestreuen und servieren.
Bei Tisch geriebenen Parmesan dazu reichen.

Lasagne con prosciutto e piselli Lasagne mit Schinken und Erbsen

Zutaten für 4–6 Personen: 400 g Lasagneblätter, 1 gehackte Schalotte, 3 EL Butter, 250 g geschälte Erbsen, 250 g gekochter Schinken in Würfeln, 250 g gewürfelter Fontina, 4-6 EL geriebener Parmesan
Für die Béchamelsauce: 500 ml Milch, 400 g Sahne, 4 Petersilienzweige, 2 Lorbeerblätter, $^1/_2$ Zwiebel, in Spalten geschnitten, 1 TL Pfefferkörner, 8 EL Butter, 8 EL Mehl, frisch geriebener Muskat

Für die Béchamelsauce Milch und Sahne in einen Topf gießen. Petersilie, Lorbeer und Zwiebelspalten sowie die Pfefferkörner hineingeben und ganz langsam bis knapp unter den Siedepunkt erwärmen. In der Zwischenzeit die Butter in einem Topf zerlassen. Das Mehl mit

einem Spiralbesen einrühren und hell anschwitzen. Die Milchmischung durch ein Sieb gießen und mit dem Spiralbesen in die Mehlschwitze rühren. Weiterrühren, bis die Mischung eindickt und eine gleichmäßig glatte Konsistenz aufweist. Die Béchamelsauce kräftig mit Salz, Pfeffer und Muskat abschmecken.
In der Zwischenzeit die Lasagneblätter in sprudelndem Salzwasser blanchieren. Herausheben und sofort den Boden einer gebutterten Auflaufform mit einigen Blättern auslegen. Die restlichen Blätter auf einem feuchten Küchentuch ausbreiten, damit sie nicht verkleben.
Backofen auf 180 Grad vorheizen.
Die Schalotte in der restlichen Butter glasig dünsten. Die Erbsen hinzufügen und andünsten, bis sie rundum glänzen. Unter regelmäßigem Wenden in etwa 10 Minuten weich dünsten, salzen und pfeffern.
Eine Lage Erbsen, Schinken- und Käsewürfel über die Pastablätter in der Form streuen. Mit Béchamel überziehen. Vorgang wiederholen, bis alle Zutaten aufgebraucht sind. Die oberste Schicht mit Béchamelsauce bestreichen und dick mit Parmesan bestreuen. Lasagne 45 Minuten im heißen Rohr goldbraun überbacken.

Köstliches für jeden Tag

Bisciarello
Kräuterstrudel

Zutaten: 600 g Leimkraut oder gemischte Kräuter mit großen Blättern (z.B. zarte Brennesselblätter, Borretsch, Liebstöckel, auch junger Blattspinat, Rucola usw.), 2 Knoblauchzehen, 100 ml Olivenöl, 300 g Mehl, 4 EL geriebener Pecorino, Salz und Pfeffer

Die Kräuter waschen und verlesen, dann mit dem Wasser, das vom Waschen noch an den Blättern haftet, in einen Topf geben und zusammenfallen lassen. Herausheben, gut abtropfen lassen und mit den Händen die restliche Flüssigkeit herauspressen.
Den Knoblauch schälen und zerstoßen und in 4–5 Eßlöffeln Olivenöl hellgelb braten. Die Kräuter hinzufügen und auf kleiner Flamme rund 10 Minuten dünsten. Salzen und pfeffern, vom Herd nehmen und 1 Stunde durchziehen lassen.
Inzwischen den Teig vorbereiten.

Das Mehl mit einer Prise Salz vermischen. 2 Eßlöffel Öl und portionsweise lauwarmes Wasser hinzufügen, bis ein glatter und elastischer Teig entsteht. Den Teig auf Backtrennpapier ausrollen. Backherd auf 180 Grad vorheizen und ein Backblech mit Öl bepinseln.
Die Kräuter mit Pecorino vermischen und abschmecken. Auf dem Teig verteilen, dann das Ganze mit Hilfe des Papiers zu einem Strudel aufrollen. Auf das Blech setzen und gut 30 Minuten im heißen Ofen goldgelb backen. Aus dem Rohr holen und etwas abkühlen lassen. Zimmerwarm servieren.

Carciofi in tortiera
Artischocken-Kartoffel-Auflauf

Zutaten: 5 Artischocken, Zitronensaft, 600 g Kartoffeln, 5–6 EL Olivenöl, 6 EL geriebener Pecorino, 2 gehackte Knoblauchzehen, Salz, Semmelbrösel

Die Artischocken putzen. Die harten äußeren Blätter entfernen und den Rest in schmale Spalten schneiden. Sofort in mit Zitronensaft gesäuertes Wasser legen, damit sie nicht braun werden. Die Kartoffeln schälen und in dünne Scheiben schneiden.
Backrohr auf 190 Grad vorheizen. Eine Auflaufform mit Olivenöl bepinseln und mit einem Hauch Semmelbrösel ausstreuen. Mit einer Schicht Artischockenspalten auslegen. Mit einer Lage Kartoffelscheiben abdecken. Mit Pecorino und Knoblauch bestreuen. Salzen und mit ein paar Tropfen Olivenöl beträufeln. Vorgang wiederholen, bis alle Zutaten aufgebraucht sind. Die oberste Schicht mit Semmelbröseln bestreuen und mit Olivenöl benetzen. Auflauf ins heiße Rohr schieben und 60 Minuten überbacken. Heiß oder kalt servieren.

Frittata con asparagi
Spargelfrittata

Zutaten: 1 kg grüner Spargel, 6–8 Eier, 4 EL geriebener Parmesan oder Pecorino, 4 EL gehackte Petersilie, 4 EL Olivenöl, Salz und Pfeffer

Den Spargel putzen und nach Bedarf schälen. Die Spitzen abtrennen und beiseite stellen. Die Stangen in mundgerechte Stücke schneiden, 3 Minuten in sprudelndem Salzwasser blanchieren, abgießen und unter kaltem Wasser abschrecken. Gut abtropfen lassen.
Backrohr auf 180–190 Grad vorheizen.
Inzwischen die Eier verquirlen. Käse und Petersilie hinzufügen, salzen und pfeffern. Nun auch den gut abgetropften Spargel (wenn nötig mit Küchenkrepp trocken tupfen, damit die Frittata nicht verwässert) unterheben.
Olivenöl in einer ofenfesten Pfanne oder Auflaufform erhitzen. Die Eimasse ins sehr heiße Öl gießen, damit sie sich sofort setzen kann. 3–4 Minuten auf dem Herd anbraten, bis die Ränder beginnen, fest zu werden. Die Pfanne dann ins heiße Rohr schieben. Die Frittata in 30–45 Minuten goldbraun backen. Heiß oder temperiert servieren.

Frittata con erbe di stagione
Frittata mit Kräutern der Saison

Zutaten: gemischte frische Kräuter (z.B. Petersilie, Majoran, Hopfensprossen, junger Blattspinat oder Löwenzahn, Fenchelgrün, Schnittlauch, Melisse oder Minze), 50 g Butter, 6 Eier, 2 EL geriebener Parmesan, 1 EL Mehl, 3–4 EL Milch, Salz und Pfeffer

Backrohr auf 180–190 Grad vorheizen. Die Kräuter waschen, sorgfältig trocken schütteln und fein hacken. Butter in einer Pfanne erhitzen und die Kräuter darin andünsten.
In der Zwischenzeit die Eier verquirlen, den Parmesan unterziehen und mit Salz und Pfeffer würzen. Das Mehl einstreuen, die Milch hinzugießen und sorgfältig verrühren. Die möglichst glatte Eimasse über die Kräuter gießen.
3–4 Minuten anbraten, bis die Frittata sich setzt und an den Rändern beginnt, fest zu werden. Ins vorgeheizte Backrohr schieben und in 30–45 Minuten goldbraun backen. Heiß oder zimmerwarm servieren.

Macco di San Giuseppe
Püree aus Hülsenfrüchten

Zutaten für 6–8 Personen: 2 x 150 g verschiedene getrocknete Bohnenkerne (z. B. Puffbohnen und Borlottibohnen), 100 g getrocknete Kichererbsen, 100 g getrocknete Erbsen, 100 g Linsen, 1 TL Fenchelsamen, 2–3 zarte Selleriestengel, 3 getrocknete Tomaten, 3 gehackte Knoblauchzehen, 8 EL Olivenöl, Salz und Pfeffer

Die getrockneten Hülsenfrüchte verlesen und mehrere Stunden einweichen. Abgießen und in einen Topf geben. Mit Wasser bedecken und weich garen, bis sie zerfallen. (Die Hülsenfrüchte müssen hier nicht nach Sorten getrennt garen, weil sie sowieso zu Brei zerkochen sollen und die unterschiedlich langen Garzeiten daher keine Rolle spielen.)
Den Sellerie und die getrockneten Tomaten fein würfeln und gegen Ende der Garzeit unter die Hülsenfrüchte geben. Die zerkochten Hülsenfrüchte durch die Gemüsemühle passieren und wieder in den Topf zurückschütten. Kräftig salzen und pfeffern, den Knoblauch hinzufügen und mit Olivenöl geschmeidig rühren.
Servieren Sie den Macco pur, als Beigabe zu Pasta, einem Fleischgericht oder zu Crostini.

Spargel in Bozner Sauce

Zutaten: 2 kg weißer Stangenspargel, 1 Prise Zucker, 2 EL Butter
Für die Sauce: 4 Eier, 125 ml Olivenöl, 1 EL Weinessig, 1 TL Senf, gehackter Schnittlauch, Salz und Pfeffer, nach Wunsch Schinkenwürfelchen zum Garnieren

Spargel sorgfältig putzen und schälen. Stangen auf die gleiche Länge trimmen. In einem großen Topf oder Spargelkocher Wasser zum Kochen bringen. Salz, Zucker und ein Stück Butter hineingeben. Den Spargel bündeln und senkrecht ins Wasser stellen. Die zarten Köpfe sollten dabei noch aus dem Wasser ragen, damit sie nicht zerkochen. Deckel aufsetzen und je nach Stärke der Stangen 20–30 Minuten garen.
Während der Spargel kocht, die Sauce zubereiten. Eier hart kochen und abschrecken. Schälen und die Eidotter herauslösen. Durch ein feines Sieb streichen und mit dem Öl aufschlagen. Das Eiweiß fein hacken und unterheben. Mit Essig und Senf verfeinern und mit Salz und Pfeffer abwürzen. Den Schnittlauch (etwas zum Garnieren aufheben) unter die Sauce rühren.
Spargel aus dem Sud heben, auf Tellern anrichten und mit der Sauce überziehen. Mit dem restlichen Schnittlauch und nach Wunsch mit Schinkenwürfelchen garnieren.

Torta salata di bietola
Mangoldkuchen

Zutaten:
Für den Teig: 300 g Mehl, 3 EL Butter, 3 EL Olivenöl, 2–4 EL eiskaltes Wasser
Für die Füllung: 800 g geputzter Mangold mit möglichst zarten Stielen, 300 g Ricotta, 120 g geriebener Parmesan, 4 Eier, 3 EL Olivenöl, Salz und Pfeffer, Butter für die Form

Für den Teig Mehl mit Butter und Öl zu einer krümeligen Masse vermischen. Eßlöffelweise das Wasser hinzufügen, bis der Teig eine gleichmäßige Konsistenz erhält. Den Teig rasch zu einer Kugel rollen, in Haushaltsfolie wickeln und 1 Stunde in den Kühlschrank legen.
Inzwischen den Mangold nur mit dem Wasser, das noch vom Waschen an den Blättern haftet, dämpfen und zusammenfallen lassen. Herausheben, gut auswringen und grob hacken. Mit Ricotta und Käse, Eiern und Öl zu einer glatten Masse verarbeiten. Salzen und pfeffern.
Backherd auf 180 Grad vorheizen und eine runde Kuchenform buttern.
Den Teig in zwei ungleiche Hälften teilen. Mit der größeren Hälfte den Boden und die Wände der Kuchenform auskleiden. Dabei etwas Teig überhängen lassen. Die Mangoldfüllung in der Form verteilen. Aus der zweiten Teighälfte einen Deckel formen und über den

Mangold breiten. Die Teigränder darüberklappen und gut versiegeln. Mit den Fingerkuppen ein hübsches Wellenmuster in den Rand drücken. Mit einem Messer einige Löcher in den Teigdeckel ritzen, damit der beim Backen entstehende Dampf entweichen kann.
45–50 Minuten im heißen Rohr backen.
Heiß oder zimmerwarm servieren.

U'verdette
Lammragout mit frischen Erbsen

Zutaten: 1 kg grob gewürfeltes Lammfleisch, 5 EL Olivenöl, 1 gehackte Zwiebel, 100 ml trockener Weißwein, 350 g geschälte Erbsen, 2 Eier, 1 Bund gehackte Petersilie, 4 EL Pecorino, Salz und Pfeffer

Backrohr auf 180 Grad vorheizen.
Das Olivenöl in einem ofenfesten Schmortopf erhitzen. Die Zwiebel darin andünsten. Die Fleischwürfel hinzufügen und rundherum bräunen. Mit Weißwein ablöschen. Schmortopf verschließen und in das vorgeheizte Backrohr stellen.
Nach 30 Minuten die Erbsen zum Lammfleisch geben. Salzen und pfeffern und weitere 30 Minuten schmoren.
Die Eier mit Petersilie und Pecorino verquirlen. Sobald das Lammfleisch gar ist, die Eiermischung über Fleischwürfel und Erbsen gießen und in wenigen Minuten fest werden lassen. Lammragout heiß servieren.

Minestra con fave e carciofi
Minestra mit Puffbohnen und Artischocken

Zutaten: 500 g frische Puffbohnenkerne, 5 Artischocken, 2 EL Zitronensaft, 250 g junge Maizwiebeln, 1 Selleriestengel, nach Wunsch 1 l Hühner- oder Gemüsebrühe, Salz und Pfeffer, Olivenöl und Weißbrot zum Servieren

Die Puffbohnenkerne in sprudelndes Wasser werfen und eine knappe Minute blanchieren. Herausheben und sofort kalt abschrecken. Dann das feine, aber bittere Häutchen entfernen.
Die Artischocken putzen, die harten äußeren Blätter entfernen, dann die Blüte auseinanderspreizen und den pelzigen Teil ausschaben. Den Boden und die weichen Teile der Blätter in Streifen oder Spalten schneiden und sofort in mit Zitronensaft gesäuertes Wasser legen, damit sie sich nicht verfärben. Die Zwiebeln putzen und je nach Größe halbieren oder vierteln. Sellerie putzen und würfeln.
Das vorbereitete Gemüse in einen Suppentopf geben. Mit der Brühe oder mit einem Liter Wasser auffüllen und zum Kochen bringen. In gut 20 Minuten leise gar köcheln; mit Salz und Pfeffer herzhaft abschmecken.
Minestra auf Teller verteilen und mit einem Schuß Olivenöl und knusprigem Weißbrot servieren.

Virtù
Eintopf mit Gemüse und Hülsenfrüchten

Zutaten für 6–8 Personen: 300 g getrocknete Hülsenfrüchte (z.B. dicke Bohnen, Kichererbsen, Ackerbohnen, Linsen), 150 g geschälte frische Erbsen, 400 g frisches Gemüse (z.B. Mangold, Zichorie, Spinat, Zucchini, Blumenkohl, Weißkohl, Kartoffeln, Möhren, rote Bete, Fenchel), 1 Schweinsfuß, 1 Schweinsohr, Schweineschwarte, 50 g Speck, 1 Knoblauchzehe, 1 Zwiebel, 1 kleines Bund Petersilie, 2 TL getrockneter Majoran, 200 g kleinformatige Nudeln, Salz und Pfeffer, Olivenöl und geriebener Pecorino zum Servieren

Die Hülsenfrüchte nach Sorten getrennt 6 Stunden oder über Nacht in Wasser einweichen. Abgießen und entsprechend ihrer Garzeit nach und nach in einen großen Suppentopf geben und zur Hälfte gar kochen (Kichererbsen brauchen mit gut 2 Stunden am längsten, Linsen garen in etwa 20 Minuten).
In der Zwischenzeit das frische Gemüse putzen, zurechtschneiden und in einem zweiten Topf in Salzwasser vorgaren.
In einem dritten Topf das Schweinefleisch garen. Herausheben und etwas abkühlen lassen; das Fleisch vom Knochen lösen, in mundgerechte Stücke schneiden und in die Brühe zurückge-

ben. Nach und nach sämtliche Hülsenfrüchte und Gemüse in die Brühe geben und mit dem Schweinefleisch fertig garen. Speck, Knoblauch, Zwiebel und Petersilie fein hacken und unter den Eintopf rühren. Mit Majoran, Salz und Pfeffer kräftig würzen.
Kurz vor dem Servieren die Nudeln in den Eintopf streuen und darin al dente kochen. Den Eintopf vom Herd nehmen, auf Suppenschalen verteilen und mit einer Runde Pfeffer aus der Mühle übermahlen. Bei Tisch Olivenöl und Pecorino dazu reichen.

Ostern in Italien

Brennesselflan
Osterkuchen
✳
Spargelsuppe mit zarten
Brennesselspitzen
Tortelli mit Mangoldfüllung
✳
Ziegenlamm mit Artischocken
✳
Ostertaube
Bayrische Creme mit
Moscato d'Asti
und frischen Erdbeeren
✳
Für 6–8 Personen

Tortino con punte di ortica
Brennesselflan

Zutaten: 1 dickes Büschel zarte Brennnesselspitzen, 50 g Butter, 25 g Mehl, 150 ml Milch, 4 Eier, 100 g geriebener Parmesan, Salz und Pfeffer, Muskat, Butter für die Förmchen

Brennesselspitzen verlesen und in reichlich Salzwasser weich garen. Abgießen, abtropfen lassen und fein hacken.
5–10 Minuten in 25 Gramm Butter dünsten. Vom Herd nehmen und abkühlen lassen.
Backrohr auf 160 Grad vorheizen.
Das Mehl in der restlichen Butter hell anschwitzen. Unter ständigem Rühren mit Milch aufgießen und zum Kochen bringen. Mit Salz und Pfeffer und frisch geriebenem Muskat abschmecken und eindicken lassen. Vom Herd nehmen, Brennesselspitzen, Eier und Parmesan einrühren.
Diese dickflüssige Masse in gebutterte Portionsförmchen füllen, ins heiße Wasserbad stellen und im vorgeheizten Backrohr fest werden lassen (rund 45 Minuten).
Solo oder mit einer leichten Tomatensauce servieren.

Torta pasqualina
Osterkuchen

Zutaten: Für den Teig: 300 g Mehl, Salz, 2 EL Olivenöl
Für die Füllung: 1 kg Mangold, 3 Bund Borretsch, 150 g geriebener Parmesan, 1 TL frische Majoranblättchen, 1 große Zwiebel, Olivenöl, 2 gehackte Knoblauchzehen, 2 EL gehackte Petersilie, 8 Eier, 300 g Ricotta, 250 g Sahne, 50 g Butter, Salz und Pfeffer

Das Mehl auf eine Arbeitsfläche häufen, in der Mitte eine Mulde formen; Salz und Olivenöl hineingeben. Vom Rand her langsam vermengen und eßlöffelweise Wasser zugeben, bis ein glatter Teig entsteht. Etwa 10 Minuten durchkneten, dann in 6 gleich große Portionen teilen. In eine bemehlte Schüssel legen, mit einem feuchten Tuch abdecken und 1 Stunde ruhen lassen.
In der Zwischenzeit die Füllung zubereiten: Mangoldblätter von den weißen Stengeln zupfen und in feine Streifen schneiden. Waschen und gut abtropfen lassen. Den Borretsch ebenfalls in feine Streifen schneiden, waschen und abtropfen lassen.
Das Gemüse in einem großen Topf bei milder Hitze zusammenfallen lassen. Abgießen, fest ausdrücken und auf der Arbeitsfläche ausbreiten. Salzen, mit einer Handvoll Parmesan und dem Majoran bestreuen.

Die Zwiebel in feine Ringe hobeln und mit ein wenig Öl in einer Pfanne leise dünsten.
In einer großen Schüssel 3 Eier mit 2 Eßlöffeln Parmesan verquirlen. Der Reihe nach mit dem Blattgemüse, Ricotta und Sahne, Zwiebel, Knoblauch und Petersilie vermengen und zu einer gleichmäßigen Füllmasse verkneten.
Backrohr auf 190 Grad vorheizen.
Eine Springform mit Öl auspinseln.
Eine Teigportion dünn ausrollen und damit die Form auskleiden (das Teigrad sollte so bemessen sein, daß es auch den Rand bedeckt und noch ein wenig über die Form hinausragt). Den Teig ebenfalls mit Öl einpinseln. Die übrigen 5 Teigportionen zu Scheiben mit dem Durchmesser der Form ausrollen. Eine zweite Teigschicht auf die erste legen und mit Öl bepinseln. Eine dritte Teigschicht darauf legen, aber nicht einölen. Darauf die Gemüsemasse verteilen.
5 Vertiefungen in das Gemüse kerben und jeweils ein Ei und ein paar Butterflöckchen hineinsetzen. Darauf achten, daß das Eigelb nicht zerfließt. Jedes Ei mit Parmesan, Salz und Pfeffer bestreuen. Die übrigen Teigplatten wie beschrieben einlegen und ölen.
Kuchen mit den überstehenden Teigrändern versiegeln. Den Deckel mit Öl bepinseln und mit einer Gabel einstechen. Im vorgeheizten Backrohr rund 60 Minuten goldbraun backen.
Lauwarm oder kalt servieren.

Zuppa di asparagi con ortica
Spargelsuppe mit zarten Brennesselspitzen

Zutaten: 1 Möhre, 1 Selleriestengel, 1 Zwiebel, 750 g Spargel, 4 EL Butter, 2 Kartoffeln, 750 ml Gemüsebrühe, 1 Handvoll Brennesselspitzen (ersatzweise Blattspinat), 125 g Sahne, Salz und Pfeffer, 2 EL geriebener Parmesan

Möhren, Sellerie und Zwiebel fein hacken. Spargel schälen, die Spitzen abschneiden und beiseite stellen. Die Stangen klein schneiden.
2 Eßlöffel Butter in einem Topf erhitzen und das Gemüsehack andünsten. Die Kartoffeln schälen, würfeln und mit den Spargelstückchen in den Topf geben und kurz mitdünsten. Mit Brühe aufgießen und zum Kochen bringen. Das Gemüse bei sanfter Hitze weich köcheln, salzen und pfeffern. Gemüse im Sud pürieren.

Die Spargelspitzen in der restlichen Butter andünsten. Die Brennesselspitzen waschen und verlesen und mit den Spargelspitzen mitdünsten (Blattspinat vor dem Dünsten in feine Streifen schneiden).
Spargel- und Brennesselspitzen unter das Gemüsepüree heben, wieder zum Kochen bringen und die Spargelspitzen darin weich garen. Suppe vor dem Servieren nachwürzen und mit Sahne und geriebenem Parmesan verfeinern.

Tortelli con la bietola
Tortelli mit Mangoldfüllung

Zutaten: Für den Teig: 400 g Mehl,
2 Eier
Für die Füllung: 350 g Mangoldgrün, 200 g Ricotta, 4 EL geriebener Parmesan, 1 Ei, 1 Prise frisch geriebener Muskat, Salz und Pfeffer
Außerdem: zerlassene Butter und geriebener Parmesan zum Servieren

Mehl in eine Schüssel sieben und in der Mitte eine Vertiefung formen. Die Eier und eine Prise Salz hineingeben und vom Rand her mit dem Mehl verarbeiten. Nach und nach 1–3 Eßlöffel lauwarmes Wasser hinzufügen, bis ein glatter Teig entsteht.
10 Minuten durchkneten, dann zur Kugel rollen und in Folie wickeln; etwa 30 Minuten ruhen lassen.
In der Zwischenzeit den Mangold nur mit dem Wasser, das noch vom Waschen an den Blättern haftet, in einen Topf geben und zusammenfallen lassen. Herausheben, gut auswringen und fein hacken. In eine Schüssel geben und mit Ricotta, Parmesan, Ei und Gewürzen zu einer glatten Füllmasse verarbeiten.
Den Nudelteig hauchdünn ausrollen. Quadrate mit 4 Zentimeter Seitenlänge ausschneiden. Eine kleine Portion Füllmasse in die Mitte der Teigquadrate setzen. Die Quadrate zu Dreiecken zusammenklappen und an den Rändern gut

festdrücken; dabei darauf achten, daß sich keine Luftblasen bilden. Die Dreiecke mit der Spitze nach oben und der Wölbung nach außen um den kleinen Finger wickeln. Die beiden äußeren Enden fest zusammendrücken. Die ausgeformten Tortelli auf Küchentüchern ausbreiten.
Einen großen Topf Salzwasser zum Kochen bringen. Die Pasta hineingleiten lassen und sanft sprudelnd garen. Mit einem Sieblöffel herausheben und auf Teller verteilen.
Mit zerlassener Butter und Parmesan servieren.

Capretto arrosto con carciofi
Ziegenlamm mit Artischocken

Zutaten: 4 Artischocken, Saft einer Zitrone, 4 EL Olivenöl, 1,5 kg Ziegenlamm (z.B. Keule), 1 Rosmarinzweig, 2 gehackte Knoblauchzehen, 150 ml trockener Weißwein, Salz und Pfeffer, eventuell etwas Hühnerbrühe

Die Artischocken putzen, die groben Blätter entfernen. Artischocken in Spalten schneiden und in mit Zitronensaft gesäuertes Wasser legen, damit sie sich nicht verfärben.
Das Olivenöl in einem Schmortopf erhitzen. Das Lammfleisch mit Rosmarin und Knoblauch im heißen Öl rundum Farbe nehmen lassen. Mit einem Glas Weißwein löschen, dann die Artischocken hinzufügen, salzen und pfeffern. Das Ganze nun zugedeckt bei milder Hitze weich schmoren (etwa 60 Minuten). Ab und zu etwas Weißwein und eventuell Brühe angießen, damit das Fleisch nicht austrocknet.
Fleisch in Scheiben schneiden und mit den Artischocken auf einer Platte anrichten. Mit Bratenfond überziehen.
Im Rahmen dieses reichhaltigen Menüs gibt es keine Sättigungsbeilage. Wenn Sie das Ziegenlamm einmal extra zubereiten wollen, reichen Sie Kartoffeln, Polenta oder das Bohnenpüree von Seite 42 dazu.

Colomba pasquale
Ostertaube

Zutaten: 500 g Mehl, 1 Hefewürfel, 120 g Zucker, 150 g Butter, 3 Eier, 1 Prise Salz, je 60 g Rosinen, Zitronat und Orangeat
Außerdem: Fett für das Backblech, Mandeln und Hagelzucker zum Dekorieren, Eigelb zum Bepinseln

Das Mehl in eine Schüssel häufen und in der Mitte eine Vertiefung formen. Die Hefe mit 2 Eßlöffeln Zucker in etwas lauwarmem Wasser auflösen und in die Vertiefung gießen. Vom Rand her Mehl darüber häufen und die Hefe an einem warmen Ort 30 Minuten gehen lassen. Anschließend Mehl und Hefe verkneten und die übrigen Zutaten (2 Rosinen aufheben) einarbeiten. Kräftig durchkneten, bis sich der Teig von der Schüsselwand löst. Zu einer Kugel rollen und abdecken. Warm stellen und auf die doppelte Größe aufgehen lassen. Inzwischen die Mandeln mit heißem Wasser überbrühen und häuten; in zwei glatte Hälften teilen.
Teig noch einmal kneten und auf ein gefettetes Backblech setzen; mit etwas

bildhauerischem Geschick zu einer Taube formen.
Backrohr auf 200 Grad vorheizen.
Die beiden Rosinen als Auge in den Teig setzen. Mit den Mandelhälften ein Federkleid andeuten. Das Eigelb verquirlen und die Taube damit bestreichen. Mit Hagelzucker bestreuen.
Ins heiße Backrohr schieben und in 45 Minuten goldbraun backen.
(Nach 10 Minuten die Temperatur auf 180 Grad reduzieren.)

Bavarese al moscato d'Asti con le fragole
Bayrische Creme mit Moscato d'Asti und frischen Erdbeeren

Zutaten: 6 Blatt Gelatine, 6 Eigelbe, 150 g Zucker, 600 ml Moscato d'Asti, 330 g Sahne, 250 g Erdbeeren

Die Gelatine in kaltem Wasser einweichen.
Eigelbe mit Zucker schaumig schlagen, dann den Moscato d'Asti unterrühren. Die Masse im Wasserbad vorsichtig unter ständigem Rühren erhitzen, bis sie einzudicken beginnt.
Vom Herd nehmen und die Gelatine einrühren. Die Masse abkühlen lassen. Die Sahne steif schlagen und unter die Creme heben. In Portionsförmchen füllen und im Kühlschrank fest werden lassen (4–6 Stunden).
Zum Anrichten die Creme aus den Förmchen stürzen und mit den geputzten Erdbeeren umkränzen.

Feiern mit Freunden und Gästen

Gefüllte Zucchiniblüten

✳

Ravioli in Brühe
Venezianischer Erbsenrisotto

✳

Gefüllte Kalbsbrust
mit
frischem Blattsalat mit
Wiesenkräutern

✳

Zitronenpudding

✳

Für 4–6 Personen

Caponet
Gefüllte Zucchiniblüten

Zutaten: 500 g kleine Zucchini,
100 ml Olivenöl, 4 EL zerriebene Amaretto-Makronen, 1 EL Kakaopulver,
1 TL Zucker, 2 Eigelbe, 12 Zucchiniblüten, Salz

Die kleinen Zucchini sorgfältig waschen und in feine Streifen schneiden. 2–3 Eßlöffel Olivenöl in einer Pfanne erhitzen und die Zucchinistreifen bei sanfter Hitze dünsten, bis sie weich, aber noch bißfest sind. Salzen, aus der Pfanne heben und auf Küchenkrepp abtropfen lassen. Zucchinistreifen fein hacken und mit den Amaretto-Makronen vermengen. Kakaopulver, Zucker und die beiden Eigelbe unterrühren. Die Zucchiniblüten waschen, sorgfältig trocken tupfen und mit der Zucchinimasse füllen. Das restliche Öl in einer Pfanne erhitzen und die gefüllten Blüten goldgelb ausbacken. Leicht salzen und heiß servieren.

Ravioli in brodo
Ravioli in Brühe

Zutaten: 2 l Hühnerbrühe, geriebener Parmesan zum Servieren
Für die Füllung: 2 gestiftelte Knoblauchzehen, 300 g Rindfleisch, 2 EL Butter, 1 fein gehackte Zwiebel, 1 fein gehackter Selleriestengel, 50 ml Rotwein, 100 g Semmelbrösel, 200 g geriebener Parmesan, 2 Eier, Muskat, Zimt, Salz und Pfeffer
Für den Teig: 400 g Mehl, 2 Eier

Zunächst die Füllung der Ravioli zubereiten. Die gestiftelten Knoblauchzehen in die Vertiefungen des Fleischstücks stecken.
Die Butter in einem Schmortopf erhitzen. Das Fleischstück hineinsetzen und rundum kräftig anbraten, bis es eine schöne Farbe bekommt. Zwiebel und Sellerie hinzufügen und einige Minuten mitdünsten. Mit Salz, Pfeffer und den übrigen Gewürzen bestreuen, den Rotwein und eine Kelle Hühnerbrühe angießen. Abdecken und etwa 45 Minuten sanft schmoren; eventuell etwas Flüssigkeit nachgießen.
Während das Fleisch gart, einen Nudel-

teig nach der Beschreibung auf Seite 56/57 bereiten und ruhen lassen.
Das gegarte Fleisch grob würfeln und durch den Fleischwolf drehen oder in der Küchenmaschine sehr fein hacken. Mit Semmelbröseln, geriebenem Parmesan und Eiern zu einer glatten Farce verarbeiten. Mit Salz und Pfeffer, frisch geriebenem Muskat und Zimt abschmecken.
Den Nudelteig ausrollen. Mit einem Glas oder einem RaviolIförmchen möglichst dicht an dicht 5–7 Zentimeter große Kreise ausstechen. Auf die Hälfte der Teigkreise einen Klecks Füllung setzen und etwas Eiweiß um die Füllung herumpinseln. Die Füllung nun mit einem zweiten Teigkreis abdecken, die Teigränder gut festdrücken und versiegeln.
Die gefüllten Ravioli kurze Zeit trocknen lassen.
Die Hühnerbrühe erhitzen. Die Ravioli in der heißen Brühe garen und in der Brühe servieren. Bei Tisch geriebenen Parmesan dazu reichen.

Risi e bisi
Venezianischer Erbsenrisotto

Zutaten: 1 Zwiebel, 1 Bund Petersilie, 30 g Bauchspeck, 3 EL Olivenöl, 2 EL Butter, 250 g geschälte Erbsen, gut 750 ml heiße Gemüsebrühe, 250 g Risottoreis, Salz und Pfeffer, 80 g geriebener Parmesan

Zwiebel, Petersilie und Bauchspeck fein hacken. Das Olivenöl und einen Eßlöffel Butter in einem Topf erhitzen und das Hack darin andünsten.
Die Erbsen zufügen und kurz anschmoren, bis sie rundum glänzen. Die restliche Brühe hinzugießen.
Den Reis einstreuen und einmal aufwallen lassen. Bei sehr milder Hitze in rund 15 Minuten al dente garen. Ab und zu umrühren.
Den verhältnismäßig flüssigen Risotto salzen, großzügig pfeffern und die restliche Butter sowie den Parmesan einarbeiten. Kurz ruhen lassen und servieren.

Tasca ripiena
Gefüllte Kalbsbrust

Zutaten: 750 g Kalbsbrust, vom Metzger bereits als Tasche zugeschnitten
Für die Füllung: 1 Handvoll getrocknete Pilze, 50 g Butter, 1–2 EL Rindermark, 200 g gewürfeltes Kalbfleisch,
100 g grob gewürfelter gekochter Schinken, 1 geputztes Kalbsbries, 75 g Erbsen, 5–6 Salatblätter,
1 EL Pinienkerne, 1 Knoblauchzehe,
1 Majoranzweig, 3 Eier, 2 EL geriebener Parmesan, Salz und Pfeffer
Außerdem: 1 großes Bund Suppengrün

Die Kalbsbrust abbrausen und trocken tupfen.
Die Pilze in warmem Wasser einweichen.
Die Butter in einer Pfanne erhitzen und das Mark darin schmelzen. Kalbfleisch und Schinkenwürfel anbraten. Nach ein paar Minuten auch das in Röschen zerteilte Bries dazugeben und rundum anbraten. Pfanne vom Herd ziehen und etwas abkühlen lassen.
Den Pfanneninhalt durch den Fleischwolf drehen, die Masse in eine große Schüssel geben und mit den Erbsen vermengen. Den Salat in feine Streifen schneiden und unterheben. Die Pinienkerne, die Knoblauchzehe und den Majoran fein hacken und unterrühren. Die Pilze aus dem Wasser heben und abtropfen lassen. Fein wiegen und mit

der Farce vermengen. Die Eier mit dem Parmesan verquirlen, salzen und pfeffern. Die Füllmasse mit dieser Eiermischung binden. Die Kalbsbrust mit der möglichst geschmeidigen Farce zu ungefähr zwei Dritteln füllen. (Die Farce geht beim Kochen auf, das Fleisch hingegen zieht sich zusammen.) Die Kalbsbrust mit Zwirn zunähen, in ein Mulltuch wickeln und dieses sorgfältig verschließen. Die Tasche mit einer Stricknadel auf beiden Seiten mehrmals einstechen.

Das Bündel in einen Topf legen und mit Wasser bedecken. Das Suppengemüse dazugeben, salzen und 90 Minuten leise wallend garen. Die Kalbsbrust in der Brühe abkühlen lassen. Die lauwarme Kalbsbrust herausnehmen und auswickeln. In ein frisches Tuch einschlagen und mit einem Gewicht von 2–3 Kilo beschweren. Vollends auskühlen lassen und in Scheiben schneiden. Mit einem Blattsalat (siehe folgendes Rezept) servieren.

Insalata di erbe di campo
Frischer Blattsalat mit Wiesenkräutern

Zutaten: gemischte frische Blattsalate und Wiesenkräuter (z.B. Rucola, Löwenzahn, junger Kopfsalat, Portulak), 2 hartgekochte Eier, 1 EL gehackter Schnittlauch
Für das Dressing: 5 EL Nußöl, 2 EL spritziger Weißweinessig, 1 TL Senf, Salz und Pfeffer

Blattsalate putzen und in einer Schüssel vermischen. Aus den angegebenen Zutaten das Dressing rühren und über den Salat geben. Auf Teller verteilen. Die Portionen mit den in Spalten geschnittenen Eiern dekorieren und mit Schnittlauch bestreuen.

Budino al limone
Zitronenpudding

Zutaten: 2 unbehandelte Zitronen, 6 Eier (trennen), 200 g Zucker, 200 g gemahlene Mandeln, 2 EL Rum, Butter für die Form

Zitronen gründlich waschen, mit der Schale in Stücke schneiden und entkernen. Mit $1^1/_2$ – 2 Liter Wasser aufsetzen und 2 Stunden auf kleiner Flamme weich kochen. Die Zitronenstückchen abgießen und durch ein Sieb streichen. Backherd auf 180 Grad vorheizen. Eigelbe mit dem Zucker zu einer dicken, hellgelben Creme aufschlagen. Mandeln, Rum und Zitronenmus hinzufügen und sorgfältig vermischen. Die Eiweiße steif schlagen und vorsichtig unterheben.
Die Puddingmasse in eine gebutterte Form streichen und ins heiße Wasserbad stellen. In das vorgeheizte Backrohr schieben und setzen lassen (rund 60 Minuten). Vor dem Servieren erkalten lassen.

Fisch fürs Frühjahr

Spargelsalat mit Garnelen

✳

Spargelrisotto mit Aalstückchen

✳

Tintenfischpfanne mit frischen Erbsen

✳

Rhabarberkuchen

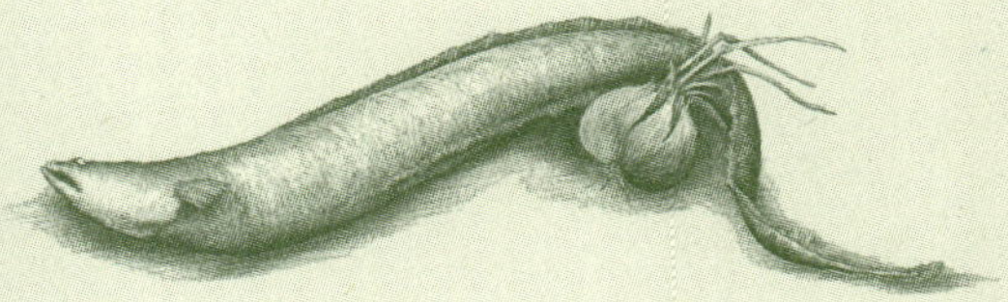

Asparagi e gamberi in insalata
Spargelsalat mit Garnelen

Zutaten: 500 g grüner Spargel,
250 g frische, küchenfertige Garnelen,
2 hartgekochte Eigelbe, 3–4 EL Olivenöl, 2 EL Zitronensaft, 1 TL Senf, Salz und Pfeffer, gehackte Petersilie zum Garnieren

Spargel putzen und über Wasserdampf al dente garen. Aus dem Dämpfeinsatz heben und sofort in eine Schüssel mit eiskaltem Wasser legen, damit er seine leuchtendgrüne Farbe behält.
Während der Spargel gart, die Garnelen in etwas Olivenöl rosa braten.
Spargel in mundgerechte Stücke schneiden und mit den Garnelen vermischen.
Eigelbe durch ein Sieb streichen und mit Olivenöl, Zitronensaft, Salz und Pfeffer zu einem Dressing verrühren.
Über den Salat geben, vorsichtig mischen und mit Petersilie garnieren.

Risotto all'anguilla con asparagi
Spargelrisotto mit Aalstückchen

Zutaten: 350 g küchenfertiger Aal
Für den Sud: 2 EL Weißweinessig, 1/2 Zwiebel, 1 Lorbeerblatt
Für den Risotto: 2 EL Olivenöl, 1/2 gehackte Zwiebel, 1 gehackte Knoblauchzehe, 350 g Risottoreis, 100 ml trockener Weißwein, 200 g grüner Spargel (in kleine Stücke geschnitten), Salz und Pfeffer, 4 EL geriebener Parmesan

Die Zutaten für den Fischsud mit 2 Liter Wasser aufkochen, 30 Minuten simmern lassen und salzen. Den in grobe Stücke geteilten Aal hineingeben und leise gar ziehen lassen, bis sich das Fleisch problemlos von der Gräte lösen läßt. Aalstücke herausheben, entgräten und beiseite stellen. Sud für den Risotto warm halten.
Olivenöl in einem Topf erhitzen. Zwiebel und Knoblauch darin glasig dünsten. Den Reis einstreuen und unter kräftigem Wenden 1–2 Minuten anrösten, bis die Reiskörner rundum glänzen. Weißwein hinzugießen und einkochen lassen.
Die Spargelstückchen in den Risotto geben, eine Kelle Fischsud angießen und einkochen lassen. Ab und zu umrühren. Wieder etwas Fischsud dazugeben und einkochen lassen. Vorgang wiederholen, bis Reis und Spargel al dente sind (etwa 15 Minuten). Die letz-

ten Minuten die Aalstückchen in den Risotto setzen und wieder heiß werden lassen. Risotto vom Herd nehmen, salzen und pfeffern und mit Parmesan verfeinern. Kurz ruhen lassen, dann zu Tisch bringen.

Seppie e piselli Tintenfischpfanne mit frischen Erbsen

Zutaten: 1 kg küchenfertige Tintenfische, 1 kleine Zwiebel, 1 Knoblauchzehe, 2 EL Olivenöl, 100 ml trockener Weißwein, 2 EL Tomatenmark, 200 g geschälte Erbsen, Salz und Pfeffer, gehackte Petersilie zum Garnieren

Tintenfische in schmale Streifen schneiden. Zwiebel und Knoblauch fein hacken.
Das Olivenöl in einem Topf erhitzen. Zwiebel und Knoblauch sanft darin andünsten. Tintenfische hinzufügen und über lebhafter Flamme die gezogene Flüssigkeit einkochen lassen. Mit Weißwein ablöschen. Das Tomatenmark in etwas lauwarmem Wasser auflösen und einrühren. Schließlich die Erbsen hinzu-

fügen und in 8–10 Minuten weich garen.
Die Pfanne mit Salz und Pfeffer aus der Mühle abschmecken. Mit Petersilie bestreuen und zu Tisch bringen.
Nach Wunsch Polenta oder geröstetes Bauernweißbrot dazu servieren.

Crostata dolce al rabarbaro
Rhabarberkuchen

Zutaten: 750 g Rhabarberstangen,
100 g trockene Kekse oder Löffelbiskuits, 250 g Zucker, 80 g Rosinen,
60 g zerlassene Butter
Für den Mürbeteig: 200 g Mehl,
1 Prise Salz, 100 g Zucker, 3 Eigelbe,
100 g weiche Butter, Butter für die Form

Teig Mehl, Salz und Zucker vermischen. Eigelbe und Butter in Flöckchen hinzufügen und rasch einen Teig formen. Zur Kugel rollen, in Folie packen und etwa eine Stunde kühl stellen. Inzwischen den Rhabarber putzen, schälen und klein schneiden. Den Boden eines Topfs mit einem Hauch Wasser bedecken. Rhabarberstückchen

hineingeben und 7–8 Minuten leise dünsten und Saft ziehen lassen.
Kekse oder Löffelbiskuits in eine Schüssel krümeln und mit etwas Rhabarbersaft anfeuchten. Mit Zucker, Rosinen und zerlassener Butter zu einer gleichmäßigen Masse verarbeiten.
Backherd auf 180 Grad vorheizen und eine Springform (24–26 cm) buttern. Boden und Rand der Form mit dem Mürbeteig auskleiden. Die Rhabarberstückchen einfüllen und mit der Keksmasse abdecken. 45 Minuten im vorgeheizten Backrohr backen. Kuchen lauwarm oder kalt servieren.

Knoblauchfans an die Front

Frittata mit jungem Knoblauch

✳

Knoblauchsuppe

✳

Kaninchen mit Fenchel und Knoblauch

✳

Erdbeeren an Balsamessig

Frittata all'aglietto fresco
Frittata mit jungem Knoblauch

Zutaten: 5 ganz junge Knoblauchknollen, die noch keine Zehen ausgebildet haben, mit Halmen, 4 EL Olivenöl, 6 Eier, Salz und Pfeffer, nach Wunsch 2–3 EL geriebener Parmesan oder Pecorino

Knoblauchhalme etwa 2 Fingerbreit über der Knolle abschneiden. Die Knollen in Salzwasser blanchieren, abgießen und in dünne Ringe schneiden.
Backherd auf 180 Grad vorheizen.
Knoblauchringe in einer ofenfesten Pfanne in Olivenöl glasig dünsten.
Die Eier verquirlen, salzen und pfeffern.
Eimasse über den Knoblauch gießen und an den Rändern fest werden lassen.
Frittata ins heiße Backrohr schieben und in knapp 40 Minuten goldbraun backen.
Zimmerwarm oder kalt servieren.

Zuppa d'aglio
Knoblauchsuppe

Zutaten: 6 frische Knoblauchknollen, 25 Salbeiblätter, 1 Thymianzweig, 1 kleines Bund Petersilie, 1 Lorbeerblatt, 1 rote Chilischote, Salz und Pfeffer, 100 g Sahne, 2 EL Olivenöl, 4 geröstete Weißbrotscheiben

Knoblauchknollen in einzelne Zehen zerteilen und diese schälen. Die frischen Kräuter waschen, trocken schütteln und zusammen mit Knoblauch, Lorbeerblatt und der ganzen Chilischote in einen Topf geben.
Mit 1 Liter Wasser aufsetzen und auf kleiner Flamme 30 Minuten durchkochen. Gegen Ende der Garzeit salzen und pfeffern. Vom Herd nehmen und abkühlen lassen.
Das Lorbeerblatt und die Chilischote entfernen. Die Suppe pürieren und mit der Sahne verfeinern. Nachwürzen und das Öl unterrühren. Die Suppe wieder heiß werden lassen. Die Weißbrotscheiben auf Teller verteilen, mit heißer Suppe übergießen, kurz ziehen lassen und zu Tisch bringen.

Coniglio in porchetta Kaninchen mit Fenchel und Knoblauch

Zutaten: 1 küchenfertiges Kaninchen (ca. 1,5 kg) mit Innereien, 1 dicke Scheibe Speck, 2 Knoblauchzehen, 1–2 TL Fenchelsamen, 4 EL Olivenöl, 150 ml trockener Weißwein, Salz und Pfeffer

Das Kaninchen waschen und trocken tupfen. Die Innereien mit kochendem Wasser überbrühen, abtropfen lassen und zusammen mit der Hälfte des Specks fein hacken. Die zweite Speckhälfte mit dem Knoblauch fein hacken und mit den Fenchelsamen vermischen.
Das Kaninchen innen mit der Innereien-Speck-Mischung bestreichen. Die Schenkel mit der Fenchel-Speck-Mischung bedecken.
Das Öl in einem Schmortopf erhitzen und das Kaninchen rundum bräunen. Dann die Hitze wieder zurücknehmen. Nach und nach mit Wein begießen und langsam gar schmoren (rund 1 Stunde). Dabei von Zeit zu Zeit wenden. Mit Salz und Pfeffer abschmecken.
In Portionsstücke zerteilen und mit dem Bratenfond anrichten. Als Beilage passen gebratene Kartoffeln oder Polenta.

Fragole al balsamico
Erdbeeren an Balsamessig

Zutaten: 600 g Erdbeeren, 2 TL Aceto Balsamico tradizionale, Zucker

Erdbeeren waschen und putzen und nach Wunsch zurechtschneiden. Die Früchte in eine Glas- oder Porzellanschüssel geben. Mit Aceto Balsamico benetzen und zuckern. Vorsichtig umheben und 15 Minuten ziehen lassen. Auf Portionsschälchen verteilen und servieren.

Kalte Tage im Karneval

Gemüse mit Sardellencreme

*

Graupensuppe mit Erbsen

*

Kabeljau in Kräutersauce

*

Karnevalsgebäck

Verdure con bagna caoda
Gemüse mit Sardellencreme

Zutaten: 4 Topinamburs (die eßbaren Wurzeln einer Sonnenblumenart) und Gemüse der Saison nach Wahl (z.B. Brokkoli, Blumenkohl, Möhren, Stangensellerie), Weißbrot zum Servieren
Für die Sauce: 2–4 Knoblauchknollen,
$^1/_2$ l Milch, 250 ml Olivenöl,
100 g in Salz eingelegte Sardellenfilets

Für die Sauce die Knoblauchknollen in Zehen zerteilen und schälen. Mit der Milch aufkochen lassen und auf kleiner Flamme weich garen.
Die Milch abgießen und den Knoblauch mit einer Gabel zermusen. In eine Pfanne geben und mit Olivenöl übergießen. Die Sardellen entsalzen, hacken und in das Knoblauchgemisch einrühren. Langsam erwärmen und bei schwacher Hitze köcheln lassen, bis sich die Sardellen aufgelöst haben und eine gleichmäßige Creme entsteht.
Das Gemüse putzen. Topinamburs in feine Scheiben, das restliche Gemüse in mundgerechte Stücke schneiden und in Salzwasser blanchieren. Abgießen und abtropfen lassen. Dekorativ auf einer Platte anrichten. Die Sauce getrennt dazu reichen und bei Tisch warm halten. Die Gemüsestückchen in die Sauce tauchen und mit Weißbrot essen.

Minestra con piselli e orzo
Graupensuppe mit Erbsen

Zutaten: 300 g Perlgraupen, 600 g frische Erbsen (Gewicht mit Hülsen), 1 gehackte Zwiebel, 2 EL Butter, Salz und Pfeffer, 4 EL gehackte Petersilie

Die Perlgraupen einweichen. Inzwischen die Erbsen aus ihren Hülsen lösen. Die Hülsen grob hacken und in 2 Liter Salzwasser auskochen. Herausheben, fest auspressen und wegwerfen. Die Perlgraupen abgießen und in $1^1/_2$ Liter Erbsenbrühe garen. Unterdessen die Zwiebel in Butter anschwitzen. Die Erbsen hinzufügen und sanft andünsten, bis sie rundum glänzen. Nach und nach etwas Sud angießen und die Erbsen darin garen, bis sie weich sind, aber noch leuchtendgrün aussehen (10–15 Minuten). Die gegarten Erbsen zu den Perlgraupen geben. Die Suppe mit Petersilie verfeinern und abschmecken. Heiß servieren.

Merluzzo al verde
Kabeljau in Kräutersauce

Zutaten: 500 g Stockfisch oder 1 kg frischer Kabeljau, Mehl zum Wenden, 4 EL Olivenöl, 1 Bund Petersilie, 350 g frischer Blattspinat, 2 EL Butter, 125 ml Gemüsebrühe, Salz und Pfeffer

Stockfisch 1–2 Tage vor der Zubereitung wässern, das Wasser mehrmals austauschen. Fisch in Stücke teilen, kurz abbrausen und mit Küchenkrepp trocken tupfen. Fischstücke in Mehl wenden und in Olivenöl auf beiden Seiten goldbraun braten.
Inzwischen Petersilie und Spinat waschen und verlesen und sehr fein hacken. In der Butter dünsten, salzen und pfeffern. Mit der Brühe auffüllen und 5 Minuten einkochen lassen.
Die gebratenen Fischstücke in den Kräutersud legen und heiß werden lassen. Nach Wunsch mit Weißbrot oder Polenta als Beilage servieren.

Chiacchiere
Karnevalsgebäck

Zutaten: 500 g Mehl, 1 Ei, 1 Eigelb, 50 g Zucker, 50 g zerlassene Butter, 2 EL trockener Marsala, die abgeriebene Schale einer Zitrone, 1 Päckchen Backpulver
Außerdem: Pflanzenöl zum Ausbacken, Puderzucker zum Bestäuben

Mehl mit Ei und Eigelb verkneten. Die restlichen Zutaten unterrühren und zu einem gleichmäßigen Teig verarbeiten. Den Teig auf einer bemehlten Fläche etwa 2 Millimeter dünn ausrollen. Mit einem Teigrädchen in Rechtecke und Rauten mit 5 Zentimeter Seitenlänge schneiden.
Das Öl in einem Fritiertopf erhitzen. Die Teigstückchen portionsweise hineingleiten lassen. Sobald sie sich aufplustern, wenden. Goldbraun backen und mit einer Schaumkelle herausheben. Auf Küchenkrepp abtropfen lassen. Mit Puderzucker bestäuben und heiß oder zimmerwarm servieren.

Endlich wieder Spargelzeit

Frühlingssalat

✳

Grüne Spargelsuppe mit Pasta

✳

Schleie mit Spargelcreme

✳

Geeiste Erdbeercreme

Insalata primavera
Frühlingssalat

Zutaten: 100 g junger Löwenzahn oder Bärlauch, 150 g Blattsalat, 1 Selleriestengel, 50 g Parmigiano Reggiano
Für das Dressing: 1 hartgekochtes Eigelb, 1 TL Senf, $^{1}/_{2}$ EL Aceto Balsamico tradizionale, Olivenöl, Salz und Pfeffer

Gemüse putzen, zurechtschneiden und in eine Schüssel geben.
Das Eigelb durch ein Sieb streichen und mit den restlichen Zutaten für das Dressing verrühren. Über den Salat geben und sorgfältig durchmischen. Parmigiano raspeln und über den Salat streuen. Sofort servieren.

Minestra con gli asparagi verdi
Grüne Spargelsuppe mit Pasta

Zutaten: 1 kg grüner Spargel,
100 g kleine und kurze Nudeln, die sich als Suppeneinlage eignen, Salz und Pfeffer, geriebener Pecorino zum Servieren

Spargelstangen putzen und in mundgerechte Stücke schneiden, die Spitzen ganz lassen. Spargelstückchen mit gut 1 Liter Salzwasser aufsetzen und darin bißfest garen. Die zarten Spitzen erst später dazugeben, damit sie nicht zerkochen.
Die Pasta in einem zweiten Topf al dente garen und abgießen.
Sobald der Spargel gar ist, die Pasta in die Suppe geben und wieder heiß werden lassen. Herzhaft mit Salz und Pfeffer abschmecken. Die Minestra auf Teller verteilen und mit einer großzügigen Portion geriebenem
Pecorino bestreuen. Heiß servieren.

Pescegatto all'altedese
Schleie mit Spargelcreme

Zutaten: 8 Schleienfilets, Mehl zum Wenden, 500 g grüner Spargel, 1 Selleriestengel, 1 Möhre, 1 Zwiebel, 1 Knoblauchzehe, 2 EL Olivenöl, 2 EL Butter, 2 EL Tomatenpüree, 1 EL Weinessig, 50 ml Weißwein, Salz und Pfeffer, Muskat

Schleienfilets in Mehl wenden und in etwas Butter und Olivenöl goldgelb braten. Aus der Pfanne heben und beiseite stellen.
Das Gemüse putzen und winzig klein würfeln. Spargelspitzen für später aufheben. Das kleingeschnittene Gemüse im restlichen Fett andünsten. Das Tomatenpüree einrühren; mit Essig und Weißwein ablöschen. Mit Salz, Pfeffer aus der Mühle und frisch geriebenem Muskat abschmecken. Das Gemüse zu einer dicklichen Creme einkochen lassen.
Bratröhre auf 180 Grad vorheizen. Eine Bratform mit einem Drittel des Gemüsefonds ausstreichen. Die Fischfilets hineinschichten. Spargelspitzen darüber verteilen. Mit der restlichen Gemüsecreme bedecken. Die Form verschließen oder mit Alufolie abdecken. Knapp 20 Minuten im heißen Ofen garen. Mit Weißbrot als Beilage servieren.

Cremolata di fragole
Geeiste Erdbeercreme

Zutaten: 300 g geputzte Erdbeeren, 350 g Zucker, die Schale von 3 unbehandelten Orangen, die Schale einer unbehandelten Zitrone, 1 TL Vanillezucker, 250 ml Orangensaft, 200 ml Zitronensaft

Erdbeeren und 150 Gramm Zucker in ein Einmachglas geben. Gut vermischen, luftdicht verschließen und 12 Stunden im Kühlschrank ruhen lassen. Herausnehmen und pürieren.
Die Zitrusschalen in haarfeine Streifen schneiden. Mit dem restlichen Zucker und einem 1/2 Liter Wasser in einen Topf geben und erwärmen, bis sich der Zucker auflöst. Den Sirup durch ein feines Sieb gießen. Vanillezucker, Orangen- und Zitronensaft unterrühren. Schließlich das Erdbeerpüree unterziehen. Gut vermischen und gefrieren lassen. Ab und zu mit einem Schneebesen aufrühren, damit sich keine Eiskristalle bilden können.

Frühling in Rom

Frittata mit Minze und Ricotta

*

Gebackene Grießplätzchen

*

Milchlamm vom Rohr

*

Kirschpudding

Frittata con la menta e la ricotta
Frittata mit Minze und Ricotta

Zutaten: 6 Eier, 100 g Ricotta,
2 EL frisch gehackte Minze, Salz und Pfeffer, 2 EL Olivenöl

Backrohr auf 180 Grad vorheizen.
Die Eier in einer Schüssel verquirlen.
Die Ricotta mit einer Gabel zerpflücken und unterziehen. Mit Minze, Salz und Pfeffer abrunden.
Olivenöl in einer ofenfesten Pfanne erhitzen. Die Eimasse ins aufrauschende Öl gießen und setzen lassen. Sobald die Frittata an den Rändern fest wird, ins heiße Backrohr schieben und in rund 40 Minuten goldbraun backen. Zimmerwarm servieren.

Frittelle di semolina
Gebackene Grießplätzchen

Zutaten: 800–900 ml Milch, 125 g Butter, 250 g Grieß, 2 Eigelbe, Salz,
150 g geriebener Parmesan, 2 EL geriebener Emmentaler

Die Milch leicht salzen und mit
35 Gramm Butter zum Kochen bringen.

Unter ständigem Rühren den Grieß hineinrieseln lassen. Auf kleiner Flamme 30 Minuten kochen. Dabei stets umrühren, damit sich keine Klümpchen bilden. Vom Herd nehmen und die Eigelbe sowie 2 Eßlöffel Parmesan einarbeiten.
Ein Backblech mit kaltem Wasser besprengen und den Grießteig zentimeterdick darauf verteilen und glatt streichen. Mit einem Keksförmchen oder Wasserglas 5 Zentimeter große Kreise ausstechen.
Backrohr auf 200 Grad vorheizen.
Die restliche Butter zerlassen. Eine Auflaufform mit Butter auspinseln und mit einer Schicht Grießplätzchen belegen. Etwas zerlassene Butter und geriebenen Parmesan darüber verteilen. Die nächste Lage Grießplätzchen einschichten, mit Butter und Parmesan abdecken. Wiederholen, bis alle Zutaten aufgebraucht sind. Die oberste Schicht mit dem geriebenen Emmentaler bestreuen.
Grießplätzchen im vorgeheizten Backrohr goldbraun backen (20–30 Minuten). Heiß servieren.

Abbacchio al forno
Milchlamm vom Rohr

Zutaten: 1 kg Milchlamm (Keule), 2 EL Olivenöl, 1 Rosmarinzweig, 5–6 Salbeiblätter, 100 ml trockener Weißwein, 100 ml Kalbs- oder Lammfond, Salz und Pfeffer

Das Fleisch mit Salz und Pfeffer aus der Mühle einreiben.
Bratröhre auf 180 Grad vorheizen.
Olivenöl in einem ofenfesten Bräter erhitzen und das Fleisch rundherum kräftig anbraten. Die Rosmarinblättchen vom Stengel ribbeln und über das Fleisch streuen, die Salbeiblätter über dem Fleisch verteilen.
Fleisch nun ins vorgeheizte Backrohr schieben und zur gewünschten Garstufe braten (eventuell ein Fleischthermometer einführen). Regelmäßig mit Bratenfond beschöpfen.
Das Fleisch aus dem Bräter nehmen, in Alufolie wickeln und warm stellen. Den Bratenfond mit Weißwein loskochen.
Mit Kalbs- oder Lammfond verfeinern und abschmecken.
Das Lammfleisch in Scheiben schneiden und mit der Sauce servieren.
Als Beilagen passen gedünsteter Blattspinat und Kartoffeln.

Budino di ciliegie
Kirschpudding

Zutaten: 120 g Weißbrot ohne Rinde, 1–2 EL Rum, 500 g Kirschen, 3 Eier, Butter und Semmelbrösel für die Form

Das Brot zerpflücken und in ein Schälchen geben. Mit Rum beträufeln und einweichen lassen. Inzwischen die Kirschen entsteinen.
Backofen auf 180 Grad vorheizen.
Zwei Eier trennen. Eiweiß beiseite stellen. Eigelb und das ganze Ei schaumig rühren. Das Brot mit den Händen auswringen und zu den Eiern geben.
Eiweiß steif schlagen und unter die Brotmasse ziehen.
Eine Puddingform buttern und mit Semmelbröseln ausstreuen. Abwechselnd eine Schicht Kirschen und eine Schicht Brotmasse einfüllen, bis alle Zutaten aufgebraucht sind.
Den Pudding 60 Minuten im heißen Rohr backen. Zur Garprobe ein Holzspießchen einführen. Wenn es sauber wieder herauskommt, ist der Pudding fertig. In der Form etwas abkühlen lassen. Zimmerwarm servieren.

Ein Kräuterfest:
Rucola & Salbei

Parmesan und Rucola an
Balsamessig

*

Fettuccine in Rucolasauce

*

Kalbsplätzchen mit Salbei

*

Kirschkuchen

Parmigiano e rucola all'aceto balsamico
Parmesan und Rucola an Balsamessig

Zutaten: 2 dicke Büschel Rucola, 250 g junger Parmigiano Reggiano, Aceto Balsamico, Olivenöl, Salz und Pfeffer

Rucola waschen, sorgfältig trocknen und eventuell klein schneiden. In eine Schüssel geben.
Parmesan hauchdünn hobeln und mit der Rucola vermischen. So viel Essig über den Salat träufeln, daß die Parmesanraspel eine bräunliche Färbung annehmen. Salat salzen, pfeffern und mit ein wenig Olivenöl beträufeln. Kurz durchziehen lassen und servieren.

Fettuccine con la rucola
Fettuccine in Rucolasauce

Zutaten: 1 Büschel Rucola, 3 EL Butter, 1 fein gehackte Schalotte, 250 g blättrig geschnittene Champignons, 350 g Fettuccine (oder andere schmale Bandnudeln), 200 g Sahne, 2 Eigelbe, Salz und Pfeffer aus der Mühle, geriebener Parmesan

Die Rucola putzen und unter kaltem Wasser abbrausen. Mit Küchenkrepp trocken tupfen; große Blätter in Streifen schneiden. Rucola beiseite stellen.
Die Butter in einer Pfanne erhitzen. Die Schalotte darin glasig dünsten, die Pilze hinzufügen und weich dünsten, aber nicht bräunen. Zum Schluß die Rucola unterheben und zusammenfallen lassen. Salzen und pfeffern.
Die Fettuccine in Salzwasser al dente garen.
In der Zwischenzeit Sahne, Eigelb und Parmesan in einer Schüssel vermischen, dann in die Pfanne rühren, erwärmen und etwas eindicken lassen.
Die Nudeln abgießen und mit der Sauce anrichten. Heiß servieren.

Uccelli scappati
Kalbsplätzchen mit Salbei

Zutaten: 4 dünne Kalbsschnitzel, 200 g Pancetta oder Coppa, 1 Bund Salbeiblätter, 2 EL Butter, 4 EL Tomatenpüree, 1 Spritzer trockener Weißwein, Salz und Pfeffer

Die Kalbsschnitzel in handtellergroße Stücke schneiden. Mit Salbei belegen. Pancetta oder Coppa auf die Größe der Fleischstücke zuschneiden und obenauf legen. Die Päckchen mit Zahnstochern fixieren.
Butter in einer Pfanne erhitzen und die Plätzchen darin auf beiden Seiten braten. Nach ein paar Minuten das Tomatenpüree einrühren und heiß werden lassen. Salzen und pfeffern und mit einem Schuß Weißwein aromatisieren. Kurz durchkochen lassen und servieren.
Als Beilage paßt z. B. Polenta.

Crostata di ciliegie
Kirschkuchen

Zutaten: 400 g Sauerkirschen, 300 g Zucker, 1 Zimtstange, 250 g Mehl, 120 g Puderzucker, 120 g weiche Butter, 2 ganze Eier, 1 Eigelb, Saft einer Zitrone, 1 Prise Salz, ca. 50 ml Milch, Butter und Mehl für die Form

Die Sauerkirschen entsteinen und mit Zucker und Zimt in einen Topf geben. Auf kleiner Flamme zu einer marmeladenähnlichen Konsistenz einkochen. Inzwischen das Mehl mit Puderzucker, Butter, einem Ei und einem Eigelb sowie Zitronensaft und Salz zu einem Teig verarbeiten. Etwas Milch hinzugießen und einarbeiten.
Backherd auf 180 Grad vorheizen. Eine Springform (ca. 24 cm Durchmesser) buttern und mit Mehl ausstreuen. Etwa ein Drittel Teig beiseite stellen. Mit dem restlichen Teig den Boden und den Rand der Form auskleiden. Die Kirschmasse einfüllen und glatt streichen. Den Teigrest zu zentimeterbreiten Streifen schneiden und diese in einem Gittermuster auf den Kuchen legen. An den Rändern gut festdrücken. Das übrige Ei verquirlen und das Teiggitter damit einpinseln. 45 Minuten im heißen Ofen abbacken. Herausnehmen und auf einem Kuchengitter auskühlen lassen.

REZEPTVERZEICHNIS

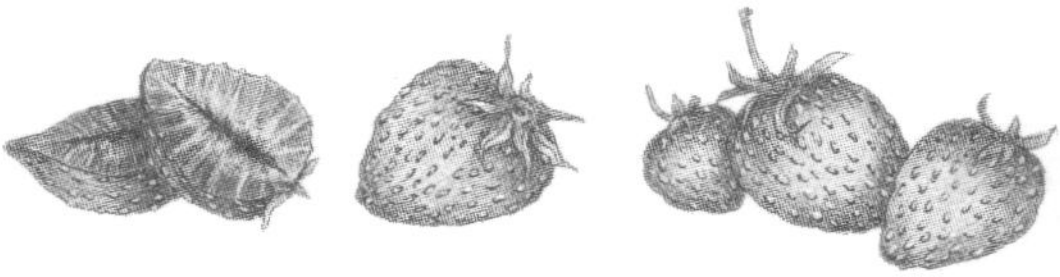

Kommen Sie jetzt in den Genuß

Immer mehr Menschen erkennen, daß Essen und Trinken Teil unserer Kultur sind. Darum unterstützen immer mehr Menschen SLOW FOOD. Denn die internationale SLOW-FOOD-Bewegung setzt sich für die Achtung der Lebensrhythmen der Menschen und der Natur als Ursprung aller Nahrung ein; für die Verbreitung hochwertiger Lebensmittel, die naturnah mit sinnvollen Methoden erzeugt werden; für das Bewußtsein, daß jedes Land, jede Region und jede Jahreszeit eine Vielfalt von Nahrungsmitteln hervorbringen.
Darum machen bei SLOW FOOD alle mit: Produzenten und Händler, Winzer und Gastronomen, Verbände und Journalisten – und viele, viele private Genießer.
Mit der Anmeldung zur Bewegung SLOW FOOD International bekommen Sie automatisch Ihre Mitgliedskarte und ohne weitere Kosten die viermal im Jahr erscheinende Zeitschrift »Slow« zugeschickt. Die Mitgliedskarte gibt Ihnen die Möglichkeit, Rabatte und Vorteile, die unseren Mitgliedern exklusiv vorbehalten sind, weltweit zu nutzen. Außerdem werden Sie regelmäßig über SLOW-FOOD-Veranstaltungen in Ihrer Region informiert.

Ja, ich möchte in den Genuß kommen und werde Mitglied bei der Bewegung Slow Food International.

Firma/Name *Vorname*

Straße

Land/Postleitzahl/Ort

Telefon/Fax

Beruf

Jahresbeitrag: DM 120,–, öS 650,–, sFr. 120,–. Die Mitgliedschaft gilt 1 Jahr. Sie kann danach jederzeit und ohne Angabe von Gründen gekündigt werden.

Zahlungsart:

☐ Überweisung auf das italienische Postscheckkonto von SLOW FOOD beim Ufficio postale di Bra (Cn) – sede N°. 23–31 Konto-Nr. 17 251 125 (Überweisungsdurchschlag liegt bei.)

☐ Visa / Master Card ☐ American Express

☐ Karten-Nr.: ______ Ablaufdat.: ______

Ort/Datum

Unterschrift